Petit monde vivant

LES CHIMPANZÉS

Bobbie Kalman et Hadley Dyer

Traduction : Marie-Josée Brière

Les chimpanzés est la traduction de *Endangered Chimpanzees* de Bobbie Kalman et Hadley Dyer (ISBN 0-7787-1905-7).
© 2005, Crabtree Publishing Company, 612 Welland Ave., St. Catherines, Ontario, Canada L2M 5V6

Catalogage avant publication de Bibliothèque et Archives Canada

Kalman, Bobbie, 1947-

    Les chimpanzés

    (Petit monde vivant)
    Traduction de : Endangered chimpanzees.
    Pour les jeunes de 6 à 12 ans.

    ISBN 978-2-89579-128-7

1. Chimpanzé – Ouvrages pour la jeunesse.   2. Espèces en danger – Ouvrages pour la jeunesse.
I. Dyer, Hadley.   II. Titre.   III. Collection : Kalman, Bobbie, 1947- . Petit monde vivant.

QL737.P96K3214 2007   j599.885   C2006-941977-9

Recherche de photos : Crystal Foxton

Illustrations : Katherine Kantor : quatrième de couverture, pages 5, 14 ; Bonna Rouse : page 19

Photos : Minden Pictures : Gerry Ellis : page 13 (en bas) ; Frans Lanting : page 7 ; Naturepl.com : Karl Ammann : page 29 ;
Anup Shah : page 18 (en bas) ; Steve Robinson/NHPA : page 26 ; Visuals Unlimited : Fritz Polking : page 28

Autres images : Corel, Creatas et Digital Vision

Nous reconnaissons l'aide financière du gouvernement du Canada par l'entremise du Programme
d'aide au développement de l'industrie de l'édition (PADIÉ) pour nos activités d'édition.

Conseil des Arts du Canada   Canada Council for the Arts

Bayard Canada Livres inc. remercie le Conseil des Arts
du Canada du soutien accordé à son programme
d'édition dans le cadre du Programme
des subventions globales aux éditeurs.

Cet ouvrage a été publié avec le soutien de la SODEC.
Gouvernement du Québec – Programme de crédit d'impôt
pour l'édition de livres – Gestion SODEC.

Dépôt légal – 1er trimestre 2007
Bibliothèque nationale du Québec
Bibliothèque nationale du Canada

Direction : Andrée-Anne Gratton
Graphisme : Mardigrafe
Révision : Johanne Champagne

© Bayard Canada Livres inc., 2007
4475, rue Frontenac
Montréal (Québec)
Canada H2H 2S2
Téléphone : (514) 844-2111 ou 1 866 844-2111
Télécopieur : (514) 278-3030
Courriel : edition@bayard-inc.com

Imprimé au Canada

www.petitmondevivant.ca

Sur le site Internet :

Fiches d'activités pédagogiques
en lien avec tous les albums
des collections Petit monde vivant
et Le Raton Laveur

Catalogue complet

Table des matières

Chimpanzés en péril

Les chimpanzés sont des animaux en péril. On en trouve aujourd'hui dans 21 pays d'Afrique, alors qu'ils vivaient autrefois dans 25. Malheureusement, même les chimpanzés qui restent pourraient bientôt disparaître d'une dizaine de ces pays. En effet, de nombreux dangers menacent leur survie dans la nature, là où ils vivent à l'état sauvage.

Quelques termes à retenir

Les scientifiques emploient différents termes pour désigner les animaux en péril. En voici quelques-uns.

vulnérables Décrit les animaux qui pourraient bientôt être menacés de disparition.

menacés Décrit les animaux qui risquent de disparaître à l'état sauvage.

en voie de disparition Décrit les animaux qui sont en train de disparaître à l'état sauvage.

disparus Décrit les animaux qu'on ne trouve plus nulle part sur Terre ou qui n'ont pas été vus vivants depuis au moins 50 ans.

5

Qu'est-ce qu'un chimpanzé ?

chimpanzé

gorille

orang-outan

Les chimpanzés sont des mammifères. Les mammifères ont une colonne vertébrale, et la plupart sont couverts de poils ou de fourrure. Ce sont des animaux à sang chaud : la température de leur corps reste à peu près toujours la même, qu'il fasse chaud ou qu'il fasse froid. Les jeunes mammifères boivent du lait de leur mère.

Les grands singes

Les chimpanzés appartiennent à un groupe d'animaux appelés « **primates** ». Les grands singes, comme les chimpanzés, les gorilles, les bonobos et les orangs-outans, sont les plus grands des primates. Tous les grands singes sont menacés.

Deux sortes de chimpanzés

Il existe deux grandes espèces de chimpanzés : les chimpanzés communs et les bonobos. Ce livre est consacré aux chimpanzés communs.

Quatre populations

Les scientifiques divisent aujourd'hui les chimpanzés communs en quatre grandes **populations** : celle de l'Ouest, celle du Centre, celle de l'Est et celle du Nigeria. Chacune de ces populations vit dans une région différente de l'Afrique.

Les bonobos sont parfois appelés « chimpanzés nains ». Ils sont menacés eux aussi.

Les chimpanzés en péril

Les chimpanzés communs les plus menacés sont ceux de l'Ouest et ceux du Nigeria. Mais toutes les populations de chimpanzés risquent de disparaître d'ici 50 ans.

Les scientifiques **estiment** qu'il reste moins de 100 000 chimpanzés à l'état sauvage, mais il leur est difficile d'en établir le nombre exact. Les animaux sauvages sont souvent difficiles à repérer, et donc à compter.

La vie en communauté

Les chimpanzés vivent dans des communautés qui regroupent quelques dizaines d'individus. Chaque communauté se compose de groupes plus petits, qui changent souvent parce que les chimpanzés passent parfois quelque temps avec les membres d'autres groupes.

Les jeunes femelles qui sont prêtes à **s'accoupler** pour avoir des bébés quittent souvent leur communauté pour se joindre à une autre. Après la naissance des petits, elles retournent parfois vivre avec eux dans la communauté où elles sont nées.

Le chef des chimpanzés

Chaque communauté est dirigée par le mâle le plus puissant, qu'on appelle « mâle **dominant** ». Pour garder sa position de chef, le mâle dominant doit prouver qu'il est le plus fort de la communauté. Il fait des **démonstrations** pour établir sa supériorité, par exemple en courant et en faisant du bruit.

Un nouveau chef

Les mâles plus jeunes cherchent parfois à s'imposer comme mâles dominants dans leur communauté. Ils défient alors le mâle dominant et font des démonstrations dans l'espoir de paraître plus forts que lui. Si un de ces jeunes mâles réussit à prouver qu'il est le plus puissant, c'est lui qui devient le nouveau chef.

Quand un chimpanzé mâle veut faire une démonstration de force, il est très actif et fait du bruit. Sa fourrure se hérisse pour qu'il ait l'air aussi gros et aussi fort que possible.

L'habitat des chimpanzés

La plupart des chimpanzés vivent dans les **forêts pluviales** d'Afrique. Ces forêts, où il fait chaud et où il pleut très souvent, forment leur **habitat** naturel. Elles sont peuplées de grands arbres, et de nombreuses espèces de plantes et d'animaux.

On se balance !

Les chimpanzés passent une partie de leur vie au sol, mais ils grimpent souvent dans les grands arbres. Ils s'y déplacent en se balançant de branche en branche, suspendus par les bras. Ce mode de locomotion s'appelle la « brachiation ».

C'est chez nous, ici !

Chaque communauté de chimpanzés a son propre domaine vital. C'est le territoire dans lequel elle vit et se nourrit. Les mâles de la communauté passent beaucoup de temps à défendre les frontières de leur domaine vital contre les mâles des communautés voisines.

Un nid douillet

La nuit, les chimpanzés s'installent dans un nid pour dormir. Ils choisissent un endroit sûr dans un arbre et aménagent leur nid en entremêlant des parties de plantes, par exemple des feuilles, des brindilles et des branches. Ces nids ressemblent à des bols. C'est une forme parfaite pour s'y rouler en boule et dormir !

Les mères et leurs petits sont les seuls chimpanzés à partager le même nid.

Le corps du chimpanzé

Les chimpanzés ont le corps couvert de poils noirs, sauf le visage, les oreilles, la paume des mains et la plante des pieds. Les bébés ont la peau rose, mais elle devient plus foncée quand ils vieillissent.

Des mâles plus gros

Les chimpanzés mâles sont légèrement plus gros et plus lourds que les femelles. En moyenne, ils mesurent environ 1,2 mètre et pèsent plus de 45 kilos. Les femelles sont plus légères, et elles ne dépassent généralement pas un mètre de haut.

Sur les poings fermés

Les chimpanzés marchent sur les mains et les pieds, ou plus précisément sur la plante des pieds et les jointures des doigts. Cette façon de se déplacer sur ses poings fermés s'appelle la « marche sur les phalanges ».

Debout !

Les chimpanzés peuvent aussi se déplacer à la verticale sur de courtes distances, debout sur leurs pattes arrière. C'est le plus souvent parce qu'ils transportent quelque chose ou que le sol est mouillé. Ils n'aiment pas poser les mains sur la terre humide.

Une bonne prise

Les chimpanzés ont cinq doigts, dont un pouce, à chaque main et à chaque pied. Comme tous les grands singes, leurs mains et leurs pieds sont **préhensiles**, c'est-à-dire qu'ils sont capables de prendre des objets. Les chimpanzés peuvent s'agripper à des branches ou à des lianes, et saisir d'autres objets avec leur pouce et leurs autres doigts.

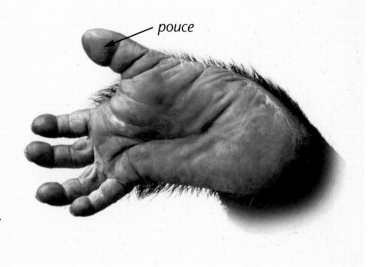

pouce

Le cycle de vie du chimpanzé

En vieillissant, tous les animaux passent par une série de changements qu'on appelle un « cycle de vie ». Le cycle de vie des chimpanzés commence quand ils naissent. Les mères chimpanzés donnent généralement naissance à un seul petit. Ce nouveau-né est minuscule. En grandissant, il passe par le stade juvénile avant de devenir mature, ou adulte. Il peut alors s'accoupler pour faire des petits.

Le chimpanzé vit pendant plusieurs années après avoir atteint l'âge de la maturité. Dans la nature, il peut vivre jusqu'à 40 ou 50 ans.

Le chimpanzé pèse entre un et deux kilos à la naissance. Il boit le lait de sa mère.

La femelle est mature vers 13 ou 14 ans, et le mâle entre 10 et 13 ans.

Le chimpanzé atteint le stade juvénile vers l'âge de cinq ans. Il ne tète plus et passe presque tout son temps à jouer !

Inséparables

Les jeunes chimpanzés restent
avec leur mère pendant leurs
cinq premières années. Leur mère
les protège et les transporte partout
avec elle. Et les bébés se tiennent
bien fort après elle !

Des leçons utiles

Les mères enseignent de nombreuses
habiletés à leurs petits, par exemple à
trouver de la nourriture et à construire
un nid. Si une mère chimpanzé meurt,
une autre femelle adulte peut prendre
soin de son bébé. Cette femelle
devient alors la mère du petit.

Des animaux enjoués

Les chimpanzés – surtout les jeunes – sont des animaux sociaux et enjoués. Ils passent beaucoup de temps à faire leur toilette mutuelle, en examinant leur fourrure pour en retirer les insectes et la poussière. Cette habitude aide les chimpanzés à tisser des liens, mais aussi à rester en bonne santé.

Ces deux chimpanzés font leur toilette mutuelle.

Des messages clairs

Les chimpanzés utilisent différents sons pour communiquer, c'est-à-dire pour s'envoyer des messages les uns aux autres. Pour se saluer, par exemple, ils peuvent lancer un hululement qui commence doucement et devient de plus en plus fort. S'ils poussent un long hurlement, cela signifie « danger ». Et s'ils crient très fort, tout excités, c'est sans doute parce qu'ils ont trouvé de la nourriture. Quel message ce chimpanzé envoie-t-il, à ton avis ?

Le langage du corps

Les chimpanzés communiquent aussi avec leur corps. Ils se serrent la main, s'enlacent, se chatouillent et s'embrassent. Quand ils sont en colère, ils peuvent parfois lancer des objets, ou encore agiter des bâtons ou d'autres objets. Après une bataille, il leur arrive de serrer leur adversaire dans leurs bras pour se réconcilier avec lui.

À la recherche de nourriture

Les chimpanzés passent chaque jour de longues heures à manger. Ce sont des omnivores, ce qui veut dire qu'ils se nourrissent de plantes et d'autres animaux. Leur **régime alimentaire** se compose surtout de feuilles, de fruits, de racines et de noix, mais ils peuvent aussi manger des insectes et des petits mammifères.

La chasse en groupe

Les mâles chimpanzés s'attaquent parfois à de petits animaux comme des singes, des cochons sauvages ou de petites antilopes. Ce sont généralement les plus forts de la communauté qui en attrapent le plus. Les chimpanzés chassent parfois seuls, mais le plus souvent en groupe. Chaque groupe peut se diviser en deux équipes plus petites pour la chasse. La première équipe pousse sa victime vers l'autre équipe, qui n'a plus qu'à la capturer.

De bons outils

Les chimpanzés savent utiliser des outils pour se trouver à manger. Ils vont par exemple « à la pêche » aux termites ou aux fourmis : ils plongent un bâton dans une termitière ou une fourmilière et, quand ils le retirent, il est couvert d'insectes. Miam !

Ces jeunes chimpanzés ont trouvé des insectes dans un tas de terre. Ils vont aller les chercher à l'aide d'un bâton.

à la « pêche » aux termites

Grâce à leurs cinq doigts, les chimpanzés peuvent facilement prendre et tenir des outils, comme le bâton qu'on voit à droite.

Un habitat qui rétrécit

La disparition de l'habitat est une des principales menaces qui pèsent sur les chimpanzés. En Afrique, la population humaine grossit plus vite qu'à peu près partout ailleurs dans le monde.

Pour construire des fermes, des villes et des routes, les gens pratiquent la **coupe à blanc** dans les forêts. Ils abattent tous les arbres et détruisent ainsi l'habitat des chimpanzés.

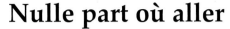

Nulle part où aller

À cause des villes et des routes construites par les humains dans leur habitat, les chimpanzés ont souvent de la difficulté à circuler en toute sécurité. Or, quand les femelles sont prêtes à s'accoupler, elles doivent aller chercher dans une autre communauté un mâle qui ne leur est pas apparenté. En effet, plusieurs mâles de leur communauté sont leurs proches parents, et leurs bébés risquent d'être en mauvaise santé et d'attraper facilement des maladies si elles s'accouplent avec eux.

Victimes de la chasse

Chaque année, de nombreux chimpanzés se font tuer par des braconniers. Ce sont des gens qui chassent et qui tuent des animaux **illégalement**. Certains des chimpanzés capturés par ces braconniers servent de repas aux bûcherons, dont le travail consiste à couper des arbres.

De l'argent pour la viande

Les braconniers tuent aussi de nombreux chimpanzés pour en vendre la viande à des restaurateurs, ce qui leur rapporte beaucoup d'argent. Il y a des lois qui interdisent de chasser les animaux menacés, mais les gens ne les respectent pas toujours.

La vente de bébés

Certains braconniers cherchent à capturer des bébés chimpanzés pour les vendre comme animaux de compagnie, mais les mères surveillent leurs petits de près. Pour prendre les bébés, les braconniers doivent donc les tuer, de même que tous les autres chimpanzés qui essaient de protéger les petits. Pour chaque bébé qu'ils capturent, les braconniers peuvent tuer ainsi jusqu'à dix adultes !

Des animaux difficiles

Les bébés chimpanzés sont tout petits et bien mignons, mais ce sont des animaux sauvages qui ne doivent pas être adoptés comme animaux de compagnie. Ils ont besoin de soins particuliers et, quand ils grandissent, ils deviennent très gros et très forts.

La plupart des gens qui achètent des bébés chimpanzés s'en débarrassent quand ceux-ci deviennent adultes. Ces animaux aboutissent souvent dans de petits zoos, où on ne sait pas toujours comment s'en occuper convenablement.

Des populations réduites

Les populations de chimpanzés sont très réduites. C'est surtout à cause de la chasse et de la destruction de leur habitat. Mais une autre raison explique aussi leurs faibles nombres : les chimpanzés n'ont pas beaucoup de bébés. Les femelles ne commencent à se reproduire qu'après l'âge de dix ans. Elles s'occupent ensuite de chacun de leurs petits pendant cinq à six ans et, pendant ce temps, elles n'ont pas d'autres bébés. La plupart des femelles chimpanzés n'ont pas plus de trois bébés au cours de leur vie.

Moins de petits

Certaines femelles se font tuer par les braconniers avant d'atteindre l'âge de dix ans. Elles ne peuvent donc pas se reproduire, et les populations de chimpanzés ne peuvent pas s'accroître.

Des maladies mortelles

Le nombre des chimpanzés ne peut pas augmenter non plus quand des maladies se répandent rapidement dans leurs communautés. Pendant les années 1990, la **fièvre Ebola** a tué beaucoup d'humains et de chimpanzés. Dans certaines communautés, plus de la moitié des chimpanzés ont succombé à cette maladie.

Quand une maladie tue de nombreux chimpanzés en même temps, il faut beaucoup de temps pour que leur population se remette à augmenter.

En lieu sûr

Il y a, dans le monde entier, des gens qui travaillent à aider les chimpanzés. À certains endroits, l'habitat des chimpanzés a été transformé en **réserve**, patrouillée par des gardes forestiers. Ces gens ont pour rôle de protéger les chimpanzés et les autres animaux de la réserve.

Les gardes forestiers viennent aussi en aide aux animaux malades ou blessés, et tentent de les protéger des braconniers. Certains d'entre eux ont déjà pratiqué eux-mêmes le braconnage. Ils connaissent donc tous les moyens que peuvent prendre les braconniers pour essayer de capturer ou de tuer des chimpanzés.

Dans les réserves, les chimpanzés trouvent la nourriture dont ils ont besoin pour survivre et ils peuvent circuler librement, en toute sécurité.

Dans les zoos

Beaucoup de chimpanzés vivent dans des zoos, un peu partout dans le monde. Les gens qui travaillent dans ces endroits savent comment s'occuper d'eux pour qu'ils restent en bonne santé. Les zoos sont donc des endroits sûrs, où les chimpanzés peuvent élever leurs petits. Ils offrent aussi aux scientifiques un milieu où ils peuvent étudier les chimpanzés et en apprendre plus long sur eux.

Des visiteurs intéressés

Les gens vont parfois voir les chimpanzés dans leur habitat naturel plutôt que dans des zoos. Ils paient pour visiter, avec un guide, des régions où vivent les chimpanzés. L'argent que ces visiteurs dépensent aide à protéger les chimpanzés. Et les habitants de ces régions tiennent ainsi à ce que ces animaux survivent !

Certaines personnes se rendent dans les forêts pluviales d'Afrique pour observer les chimpanzés dans leur habitat. Ces jeunes se cachent dans les hautes herbes.

Au secours des chimpanzés

Il y a des scientifiques qui travaillent à la protection des chimpanzés. Certains les étudient à l'état sauvage. Ils apprennent ainsi comment les chimpanzés se comportent et ce dont ils ont besoin pour survivre. Ils demandent souvent aux gens de l'endroit de les aider dans leurs recherches. Ils leur enseignent aussi pourquoi il est important de protéger les animaux menacés et leur habitat.

Ce scientifique étudie les chimpanzés dans une réserve. Il pourra ainsi apprendre comment aider tous ceux qui vivent à l'état sauvage.

La championne des chimpanzés

Jane Goodall est une des plus célèbres chercheuses qui s'intéressent aux chimpanzés. Elle a passé plus de 30 ans à les étudier en Afrique, dans son centre de recherche de Gombé, en Tanzanie. C'est elle qui a découvert que les chimpanzés mangent de la viande et savent utiliser des outils pour trouver leur nourriture. Aujourd'hui, l'Institut Jane Goodall poursuit son travail au Centre de recherche de Gombé Stream et dans bien d'autres endroits. Et Jane Goodall parcourt le monde pour transmettre ses connaissances sur les chimpanzés.

29

Masques et grimaces

Pour informer les autres sur les chimpanzés, tu peux essayer de communiquer toi-même comme un de ces animaux. C'est amusant, tu verras ! Tu n'as même pas besoin d'apprendre à imiter leurs cris, puisque les chimpanzés communiquent aussi par des mimiques.

En t'inspirant des photos ci-dessous, crée tes propres masques de chimpanzé avec du papier et de la peinture. Porte les masques devant ta famille et tes amis, et demande-leur s'ils peuvent deviner les messages que tu essaies de transmettre !

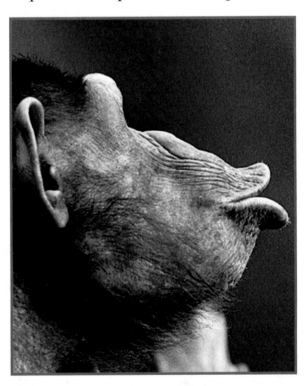

Pour se saluer, les chimpanzés font souvent un cri qui commence par un hululement doux et se termine par des « ouah » sonores.

Pourquoi ces chimpanzés font-ils ces grimaces ? Est-ce qu'ils rient ? Est-ce qu'ils ont trouvé de la nourriture ? Ou peut-être qu'ils ont peur ? Qu'en penses-tu ?

Informe-toi

Comment peux-tu aider les chimpanzés ? La meilleure façon d'y arriver, c'est de te renseigner sur eux. Tu pourras ensuite enseigner aux autres ce que tu auras appris. Tu en sauras plus long sur ces animaux après avoir lu ce livre, mais tu peux aussi lire d'autres livres et aller voir sur Internet. Voici quelques sites amusants sur les chimpanzés :

www.janegoodall.ca/fr/news/whatsnew.html – Pour connaître l'Institut Jane Goodall

sciencenorth.ca/chimp/index-fr.htm – À la découverte des chimpanzés

www.help-primates.org/fr – Clique sur « Accueil », puis sur « Chimpanzés »

Glossaire

accoupler (s') S'unir pour faire des bébés

coupe à blanc Destruction de toutes les plantes et de tous les arbres d'une région

démonstration Signaux visant à intimider les autres chimpanzés en courant et en faisant du bruit

dominant En position de supériorité par rapport aux autres

estimer Compter de manière approximative plutôt qu'exacte

fièvre Ebola Maladie mortelle qui entraîne de fortes poussées de température et des saignements

forêt pluviale Forêt dense située dans une région chaude où il tombe au moins 2,5 mètres de pluie par année

habitat Endroit où vit un animal dans la nature

illégalement Contrairement à la loi

population Nombre total de personnes ou d'animaux d'une même espèce vivant dans une zone donnée

préhensile Capable de prendre et de tenir des objets

primates Groupe de mammifères dotés d'un gros cerveau ; comprend notamment les humains, les chimpanzés et les singes

régime alimentaire Nourriture habituelle d'un animal

réserve Territoire sauvage réservé par le gouvernement d'un pays pour protéger les plantes et les animaux qui y vivent

Index